COUP-D'ŒIL

SUR LA VÉRITABLE POSITION

DES PARTIS EN FRANCE,

ADRÉSSÉ

AUX ÉLECTEURS

DE LA 1re SÉRIE,

PAR UN AMI DE LA LÉGITIMITÉ
ET DE LA CHARTE.

A PARIS,

CHEZ PILLET AINÉ, IMPRIMEUR-LIBRAIRE,
ÉDIT. DE LA COLLECTION DES MŒURS FRANÇAISES,
RUE CHRISTINE, N° 5;
ET CHEZ LES MARCHANDS DE NOUVEAUTÉS.

—

1822.

COUP-D'OEIL

SUR LA VÉRITABLE POSITION

DES PARTIS EN FRANCE,

ADRESSÉ

AUX ÉLECTEURS DE LA PREMIÈRE SÉRIE.

———

Le ministère a prouvé qu'il ne voulait point avoir d'action sur les élections par la voie de la presse, puisqu'il a annoncé qu'il ne ferait point usage de la censure en cas de dissolution de la chambre des députés. S'il a cru devoir renoncer à l'influence que ce moyen lui aurait donnée pour éclairer l'opinion publique sur les véritables intérêts du trône et du peuple, que je ne sépare pas l'un de l'autre ; s'il a cru que le résultat de l'élection devait être abandonné à l'opinion libre des électeurs, il n'a pas prétendu que

1

la calomnie dût s'armer de la liberté de la presse pour attaquer les intentions les plus loyales ; il n'a pas voulu qu'on s'en servît comme d'un levier pour remuer les passions, et, par leur moyen, égarer l'électeur véritablement attaché à la monarchie et à la charte, bienfait de la légitimité.

On voit que le gouvernement, en adoptant ce système, a trop montré de confiance dans la bonne foi des écrivains, ou qu'il a pensé que si le poison était distillé par la plume de l'écrivain libéral, la main de l'écrivain royaliste lui opposerait le contre-poison : puisse-t-il ne s'être pas trompé !..... Mais enfin le venin est lancé.... ; je vais essayer d'en arrêter les funestes effets, et de montrer aux électeurs amis de la monarchie légitime et constitutionnelle, ainsi que de la tranquillité de leur pays, quel serait le résultat de leur choix, s'ils le dirigeaient sur les hommes qui se disent libéraux, et qui reçoivent l'impulsion de l'extrémité de gauche de la chambre des députés.

J'examinerai d'abord sur quelles bases reposent les futures destinées de la France ; j'établirai comme un fait incontestable que la grande majorité des Français reconnaît que l'existence de la France, comme empire, n'a d'espoir d'une véritable stabilité que dans la *légitimité* et dans la *charte* ; que tout homme qui ne veut pas l'une et l'autre est l'ennemi de sa patrie. N'est-il pas évident, aux yeux de quiconque a du bon sens et de la mémoire, que si les gouvernemens de fait, tant vantés par les ennemis de la légitimité, pouvaient reparaître, ils ramèneraient à leur suite les vingt-cinq années de calamités et de désordres dont les déplorables conséquences pèseront encore si long-tems sur notre beau pays !

Ces vérités incontestables une fois établies, il est très-facile à l'électeur véritablement français de diriger ses choix.

Depuis long-tems le gouvernement était dans une position embarrassante, puisqu'il se trouvait au milieu de deux nations, ainsi qu'a voulu le dire un orateur qui, s'il avait bien compris l'intérêt général, n'aurait jamais lancé ce brandon de discorde. Je ne diviserai point, comme lui, la France en deux nations ; je n'admettrai pas au milieu de nous une nation *ancienne* et une nation *nouvelle*; je conviendrai cependant avec lui, s'il le veut, qu'il existe réellement en France deux partis séparés d'opinions l'un de l'autre, celui qui reconnaît la légitimité, et celui qui la repousse; celui qui met toute sa gloire dans la fidélité à ses sermens, et celui qui s'en fait un jeu; celui qui veut franchement la charte, et celui qui, en ayant toujours le mot à la bouche, n'en veut réellement pas. En un mot, il y a une partie de la nation qui veut la monarchie *légitime* et *constitutionnelle*, et une autre qui ne rêve que désordre et sédition, qui veut le règne de l'anarchie. Le ministère se trouve placé aujourd'hui au milieu d'une de ces fractions, qui compose la grande majorité des Français; l'extrémité de gauche de la Chambre des députés est à la tête de l'autre. Je vais prouver mon assertion. Je ne puiserai mes argumens que dans les écrits, les discours et les actions des hommes qui, par leur influence, semblent être à la tête, ceux-là de la *majorité*, et ceux-ci de la *minorité*. Les premiers forment le parti *ministériel*, et les seconds celui de *l'opposition*.

Le parti ministériel se compose de l'ancien côté droit et de presque tout le centre de la Chambre des députés. A la tête de l'ancien côté droit semblaient être placés deux des ministres actuels, MM. *de Villèle* et *de Corbières;* ce côté était dirigé par la plume de M. *de Châteaubriand.* On ne peut révoquer en doute leur attachement à la légitimité et leur fidélité à la foi jurée; mais, me dira-t-on, vous ne me prouverez pas de même leur attachement pour la charte. Je ne parlerai point de tout ce qui a précédé la concession du pacte fondamental qui régit les destinées de la France ; c'est de cette époque que dateront mes assertions pour ou contre. Je ne ferai à personne le reproche de ses opinions antérieures; elles me donneraient trop d'avantage sur mes adversaires. Entrant entièrement dans les vues du roi législateur, j'ai tout oublié, ou je paraîtrai avoir tout oublié. Je sais, à n'en pouvoir douter, que parmi les défenseurs les plus zélés du trône et de la charte, il y a des hommes qui se laissèrent entraîner à des doctrines subversives du gouvernement actuel ; mais je n'ignore pas aussi qu'ils sont revenus de leurs erreurs , qu'ils les ont ab-

jurées ; ce ne sera donc pas sur les antécé-
dens que je jugerai.

En 1814, M. *de Châteaubriand*, craignant
peut-être que quelques personnes de son
parti ne jugeassent pas comme lui le bienfait
de la charte et les avantages qui en résulte-
raient pour la France, pour le trône, et
même pour ceux qui, par d'anciens souvenirs, pourraient, par une fausse impulsion,
adopter une autre manière de voir les choses,
fit paraître un ouvrage intitulé : *Réflexions
politiques sur quelques Ecrits du jour, et
sur les intérêts de tous les Français.* Je ci-
terai de cet ouvrage remarquable le passage
ci-après, et le lecteur jugera l'opinion de
ce célèbre écrivain sur notre constitution :
« Qu'est-ce qu'un homme de son tems? s'é-
» crie M. *de Châteaubriand;* c'est un homme
» qui, mettant à l'écart ses propres opinions,
» préfère à tout le bonheur de sa patrie ; un
» homme qui n'adopte aucun système, n'é-
» coute aucun préjugé, ne cherche point
» l'impossible, et tâche de tirer le meilleur
» parti des élémens qu'il trouve sous sa
» main; un homme qui, sans s'irriter con-
» tre l'espèce humaine, pense qu'il faut

» beaucoup donner aux circonstances, et
» que dans la société il y a encore plus de
» faiblesse que de crimes ; enfin, c'est un
» homme éminemment raisonnable, éclairé
» par l'esprit, modéré par le caractère, qui
» croit, comme *Solon*, que, dans les tems
» de corruption et de lumières, il ne faut
» pas vouloir plier les mœurs au gouverne-
» ment, mais former le gouvernement par
» les mœurs. Notre charte a précisément
» ce dernier caractère. »

Ce que l'on vient de lire prouvera aux esprits les moins clairvoyans la franchise des
intentions de M. *de Châteaubriand*. Depuis
cette époque, il a fait paraître un autre ouvrage intitulé : *La Monarchie selon la Charte.*
Il y développe des principes que je n'adopte
pas dans tout leur ensemble ; mais bien cer-
tainement il est facile de voir que si on en
remarque qui ne sont pas en harmonie avec
la charte, au moins il concède à cette forme
de gouvernement une latitude qui ne permet
pas de douter qu'il ne marche franchement
dans les voies constitutionnelles ; on ne dira
pas qu'il ait jamais fléchi devant le pouvoir.
Comme, en qualité d'écrivain, il marche à

la tête du parti royaliste, c'est dans les principes qu'il a manifestés que j'ai cru devoir puiser une preuve sans réplique, que lui et ses amis veulent franchement la concession royale, qu'ils l'ont acceptée sans arrière-pensée.

J'ai dit plus haut que deux des ministres actuels avaient toujours paru donner l'impulsion au côté droit : les votes émis de ce côté ont-ils été en opposition avec la charte ? voilà sur quoi je vais franchement m'expliquer. La majorité de 1815, si souvent attaquée, ne marcha pas avec le gouvernement ; ce n'est pas le moment de juger si elle eut tort ; mais on ne peut contester qu'elle s'appuya sur la charte. Une loi d'élection fut présentée par le ministère : si on avait pu supposer qu'il voulût favoriser les priviléges, et ne pas adopter la charte, il est certain qu'il ne pouvait alors prendre une marche plus directe pour arriver à son but. Enfin, cette loi n'était point basée sur le pacte fondamental. Par qui fut-elle combattue avec une énergie remarquable ? Par les hommes que l'on accuse aujourd'hui de vouloir les priviléges, et de ne pas vouloir la

charte..... Qui fut le rapporteur de cette loi ?
M. *de Corbières*.... Sur quels principes basa-
t-il le refus de la majorité de la commission ?
sur ceux que le projet de loi était en opposition avec les articles de la charte qui éta-
blissaient les dispositions fondamentales de
la loi d'élection !... C'en serait assez pour
convaincre les hommes de bonne foi que ce
côté voulait marcher avec la charte ; mais
mes antagonistes le sont-ils ?....

Parmi la multitude d'exemples que je
pourrais citer, je vais en faire connaître
encore un qui est notable. Tout le monde
voulait ou semblait vouloir enfin sortir du
provisoire (1). Les ministres de l'époque

(1) Si je dis *semblait* vouloir, c'est qu'à l'instant où j'écris,
les ministres pour sortir du provisoire avancent le moment
des élections et celui de la réunion des Chambres, et qu'une
voix, celle de M. *Sébastiani*, vient de dénoncer cette mesure à la France comme étant inconstitutionnelle. Ce général a parlé sans doute sans avoir réfléchi, non-seulement
sur la fausseté de son assertion, mais encore sans consul-
ter les pamphlets sortis tout récemment des presses libé-
rales, qui veulent intimider le gouvernement sur le résultat
des élections ; les ministres connaissent trop bien l'opinion
de la majorité des Français pour reculer devant une mesure si urgente. Ce serait un acte de faiblesse qui ne leur
serait pas conseillé par les vrais amis du trône, qui sont les
leurs ; ceux-ci leur diront, comme M. de Bonald : *Soyez
forts.*

dont nous parlons devaient considérer cette mesure comme absolument dans l'intérêt de tous, et plus particulièrement dans celui du trône. Ils proposèrent une loi qui fixait l'époque de l'année financière au mois de juillet. Cette loi fut combattue par le côté droit, et considérée par lui comme inconstitutionnelle. On sait qu'elle fut adoptée par la Chambre des députés, et que celle des pairs la rejeta pour raison d'inconstitutionnalité ; mais enfin les côtés droits des deux chambres, dans cette occasion, s'appuyèrent fortement sur les principes de la charte.

Je défie mes adversaires de prouver par des faits exacts, que le gouvernement et la majorité qui le seconde, ne marchent pas franchement dans les voies de la monarchie constitutionnelle ; je dirai même que très-souvent le ministère se trouve embarrassé dans sa marche par la ferme résolution qu'il a prise à cet égard. La censure, qu'il aurait obtenue s'il l'avait voulue, serait bien plus avantageuse pour lui que la liberté de la presse ; mais la charte l'avait promise, il a franchement abandonné la censure, et se l'est seulement réservée pour les cas extraordinaires; et il a encore restreint cette faculté.

Il me reste à dire un mot d'une partie de la Chambre qui, réunie au parti ministériel, lui donne la majorité : c'est du centre que je veux parler. Il semble suivre l'impulsion qui lui est donnée par M. *Lainé*. Le nom d'un semblable chef serait à lui seul l'éloge de ses nombreux partisans, et l'on peut dire avec vérité, que s'ils s'écartèrent quelquefois de la stricte ligne qui leur était tracée par la charte, ce ne fut jamais que dans l'intérêt du trône, de la légitimité, et en haine des factieux. Combien cette conduite doit les rendre recommandables à leurs auxiliaires! qu'ils se persuadent bien, que s'il y eût erreur, ils ne doivent point chercher de quel côté elle a pu exister ; qu'ils se disent : « Si la marche fut quelquefois différente, le but était le même ; notre union fait notre force, et celle de la monarchie légitime et constitutionnelle ; elle est le désespoir de nos adversaires. Confondons toutes nos pensées, rallions-nous de plus en plus, et renonçons à nos anciens souvenirs ; si nos adversaires se font un malin plaisir de nous rappeler sans cesse ce qui s'est passé, sachons qu'ils voudraient *notre désunion*, et serrons-nous plus fortement. » Que les électeurs qui veulent franchement la monarchie et la charte, se pénètrent bien de cette pensée, qu'ils donneront de la force au trône en agissant ainsi, et en faisant tomber leur choix sur ceux qui, dans l'opinion royaliste, leur présenteront plus de chances. Voilà le conseil que leur donne l'ami le plus vrai de la légitimité et de l'auguste famille à laquelle le bonheur de la France est confié.

J'ai prouvé que le parti royaliste, ou la majorité, voulait franchement la charte ; maintenant je vais démontrer que la partie de la minorité qui donne l'impulsion à son parti, ne reconnaît point la légitimité, et ne veut pas de la charte. Ma tâche va devenir facile, car les faits parlent d'eux-mêmes.

La légitimité, par laquelle le souverain appartient au peuple, comme le peuple appartient au souverain, c'est-à-dire, ce contrat indissoluble par lequel ils sont liés l'un à l'autre si étroitement, que le bonheur de l'un est inséparable du bonheur de l'autre, est faite par sa nature pour consolider les empires, pour leur donner cette force qui émane de la stabilité des institutions ; cette légitimité, qui est dans l'intérêt général, avait été reconnue par les lois de l'usurpation ; elles avaient établi l'hérédité au trône dans la famille de *Buonaparte*. Ne serait-ce point la raison principale qui fait que quelques hommes de la prétendue nouvelle nation ne la reconnaissent pas aujourd'hui ? ne se croiraient-ils pas liés par d'anciens sermens ?... Le lecteur jugera si mes appréhensions n'auraient pas quelque fondement, et si ceux de la Chambre des cent jours, qui, en recevant l'abdication de leur prétendu maître, proclamèrent son fils, ne se croiraient pas liés encore par cette proclamation.... C'est un doute qui va s'expliquer par les faits.

Les vrais royalistes fléchirent sous le joug des usurpations, même beaucoup eurent le courage de ne pas les reconnaître ; ceux-ci s'expliquaient avec la même franchise que celle que nous entendons se manifester dans certains discours de société... même.... ma plume s'arrête.... Les royalistes dont je viens de parler, étaient les ennemis secrets de la révolution ; ils furent pourtant appelés un

moment, presqu'en majorité, dans les as-
semblées ; ils ne s'expliquaient pas cathé-
goriquement, mais leurs discours étaient si
intelligibles, que les amis du système révolu-
tionnaire en furent épouvantés. Le 18 fructidor arrêta la marche des royalistes. Si je
rappelle ces positions comparatives, que
l'on ne croie point que je veuille un nouveau
18 fructidor ; mais je veux mettre les électeurs en garde sur les dangers des choix
qu'ils pourraient faire.

Je dirai franchement aux électeurs qui
auraient pu ou qui pourraient porter leurs
vues sur un homme qui, depuis l'établissement de la charte, a été le rédacteur d'une
autre constitution que celle octroyée par
le roi ; je leur dirai : vous avez nommé ou
vous nommerez un homme qui ne veut pas
du pacte constitutionnel qui nous régit, et
qui lui préférerait les *actes additionnels* dont
il fut l'auteur. Je dirai avec la même sincé-
rité aux électeurs qui ont voulu ou qui voudraient pour député celui qui, dans les *cent
jours*, fut le rapporteur d'une autre constitution que celle que nous avons, et qui exis-
tait à l'époque où il faisait son travail ; je

leur dirai : vous avez nommé ou vous nommerez un ennemi secret de la charte ; j'ajouterai encore, que les électeurs qui porteraient à l'élection ou qui auraient porté celui qui aurait fait un ouvrage depuis la restauration dans lequel il aurait établi en principe : *que la nation ne pouvait adopter la charte telle qu'elle était octroyée par le Roi* ; qui aurait audacieusement ajouté dans le même pamphlet, *que les Bourbons étaient demeurés sans titre légitime, et que les Français ne pouvaient plus vivre sous leur gouvernement*, je déclarerai à ces électeurs qu'ils ont nommé ou qu'ils nommeraient un député qui ne veut pas de la charte, et qui est ennemi du gouvernement des Bourbons.

Si de pareils hommes existent dans l'extrémité du côté gauche de la Chambre des députés ; s'ils sont par leurs talens oratoires les boussoles qui guident ce côté ; si depuis les cent jours ils ont persévéré dans les mêmes principes, non aussi clairement expliqués, mais bien aisés à entrevoir, je demande si l'on peut considérer ces hommes comme des amis sincères de la charte et de la dynastie qui nous gouverne.

Je pourrais rappeler une protestation de

quelques membres de la Chambre des *cent jours*, faite au moment où l'auguste auteur de la charte était près de rentrer dans la capitale de ses Etats ; mais enfin j'ai entrepris de prouver par des raisons péremptoires sur quel fondement j'appuyais aujourd'hui mes assertions sur le plus ou le moins d'amour qu'ont certains hommes pour la légitimité et la charte ; je place sans crainte d'être démenti ceux qui en ont le moins à l'extrémité de la gauche de la Chambre des députés (1).

La première attaque formelle dirigée contre la légalité de la charte eut lieu dans la session de 1816 ; par qui fut elle faite ? par un membre de ce côté, qui prétendit qu'elle ne liait que la partie qui avait seule contracté (le souverain), et non le peuple, qui ne l'avait pas consentie ; le côté gauche, à cette époque, était composé de membres qui repoussèrent presqu'à l'unanimité cette première tentative. Toutes les parties de la Chambre se réunirent à la gauche, et ce député voyant l'indignation presque générale se déclarer contre lui, dit qu'il ne faisait

---

(1) Je crois que les membres de ce côté ne pourront s'en formaliser ; ils accusent bien ceux de l'autre extrémité de ne pas vouloir du gouvernement constitutionnel.

point de proposition à cet égard, que ce n'était qu'un doute qu'il avait manifesté : le même doute a été renouvelé dans cette dernière session, pas tout-a-fait dans les mêmes termes, mais il est certain que l'on a discuté vivement le droit qu'avait eû le souverain de l'octroyer ; je demanderai si c'est reconnaître franchement la charte, que de mettre continuellement en doute les droits du monarque qui, en la concédant, a cru combler les vœux de ses peuples. Je demanderai si c'est un moyen d'attacher le peuple à cette charte que l'on prétend vouloir, et que l'on a désignée aux factieux comme le seul cri de ralliement qu'ils devaient adopter.

Un des hommes les plus marquans du côté gauche, non par son talent, mais par cette célébrité que lui a donnée son prétendu amour pour la liberté, dans une correspondance qui devait être secrète, et qui a été divulguée par la voie de la justice, a évidemment prouvé aux plus incrédules, jusqu'à quel point on pouvait compter sur l'amour que lui et son parti prétendent avoir pour notre constitution.

2

Je devrais peut-être m'arrêter là, et le lecteur de bonne foi, me dirait : en voilà plus qu'il n'en faut, pour me convaincre du véritable amour que les hommes que vous désignez ont pour la charte. Comment peut-on encore se laisser abuser sur leurs vues ? voilà ce qui m'étonne. Enfin, puisqu'il existe des hommes assez crédules pour se laisser séduire par l'hypocrisie des mots, il faut ajouter d'autres preuves et dire tout ce que je pense.

La charte a établi en France un ordre de choses de nature à concilier tous les intérêts, excepté celui des factieux, placé au milieu des bouleversemens et des orages. Par ce pacte sacré, le trône est le grand moteur de tout ; il administre, il a la proposition et la sanction de la loi ; en vertu des concessions qu'il a faites, le peuple participe par ses délégués à la confection de cette loi ; ceux-ci ont une action directe sur les dépenses par le vote de l'impôt ; ils peuvent arrêter les dilapidations, empêcher même une guerre injuste et ruineuse par le refus des subsides ; ils peuvent accuser l'agent prévaricateur.

Ces influences légalement exercées sont

la sauve-garde des peuples ; mais par elles, vouloir reporter insensiblement tous les pouvoirs dans les Chambres, c'est désorganiser notre véritable forme de gouvernement. Voilà à quoi ont tendu toutes les vues des chefs de l'opposition ; au lieu de faciliter le marche du gouvernement, ils ont fait tous leurs efforts pour l'entraver ; ils lui ont demandé de faire en un jour, ce qui ne pouvait être opéré que successivement. L'administration de *Buonaparte* était ruineuse pour la France *restaurée* ; ils auraient voulu ce qui n'était pas possible ; ils demandaient que dans un moment, les rouages en fussent simplifiés ; où il ne fallait que de la bonne foi pour conduire les choses à bien, ils ont montré une sorte de méfiance qui n'amenait que désordre dans les idées, et par le moyen des amendemens, ils ont introduit insensiblement l'initiative dans les Chambres ; enfin, d'une opposition légale, ils ont fait une opposition hostile ; le lieu même où l'on discute les lois est devenu, pour ainsi dire, comparable à un *champ clos*, et la Chambre des députés ressemble plus souvent à une réunion de gladiateurs, qu'à une assemblée de sages législateurs. Telles sont les atteintes que l'extrémité de gauche a portées à la charte. Les députés qui la dirigent ont un plan fixe et déterminé ; ils veulent la détruire en l'invoquant continuellement ; ils ont fait de la charte une ennemie d'elle-même ; sous le prétexte fallacieux de vouloir défendre les libertés du peuple, ils cherchent à l'entraîner malgré lui à la sédition ; ils nient toujours l'existence des conspirations ; mais lorsqu'ils ne peuvent plus en combattre l'évidence, s'ils n'en soutiennent pas explicitement les chefs et leurs fauteurs, ils cherchent à les excuser, en rejetant sur de prétendues injustices, sur des mécontentemens imaginaires les causes de la révolte : *Berton* n'a-t-il pas trouvé presqu'un défenseur dans l'extrémité de gauche ? ce défenseur de la rébellion est le même qui a voulu faire entendre que la légitimité, reconnue si solennellement en faveur de l'usurpateur *Buonaparte* et de sa famille, n'était aujourd'hui qu'une chose vide de sens, et qu'il n'en fallait pas plus parler que de l'usurpation, ne reconnaissant d'usurpation véritable que celle des droits conquis sur le peuple. Voilà comme on interprète la forme de notre gouvernement ; bientôt dans de semblables bouches la révolte serait le *plus saint des devoirs*. N'a-t-on pas eu l'impudeur de préconiser à la tribune de la Chambre des députés celle qui a éclaté chez nos voisins ! et si le factieux *Berton* avait obtenu quelque succès, peut-être aurions-nous eu la douleur d'entendre les mêmes louanges prodiguées à son action criminelle. Electeurs, voilà le langage imprudent que tiennent les hommes qui ne voudraient voir siéger à la Chambre des députés, qu'eux-mêmes et leurs partisans, qui voudraient ressaisir le pouvoir pour leur compte ; quel usage en feraient - ils ? Sous le nom trompeur de liberté, vous verriez reparaître en France les cent mille bastilles que nous y avons vues encombrées de victimes ; les échafauds se redresseraient, peut-être, et je veux le croire, contre les intentions des premiers auteurs de la sédition, qui, aujourd'hui, ne pensent qu'à saisir la puissance, mais qui seraient bientôt précipités dans l'abîme. Qu'ils veuillent donc bien se rappeler pour leur intérêt, ce que sont devenus leurs prédécesseurs. S'ils avaient entendu comme moi la profession de foi d'un des hommes les plus célèbres connus dans nos premiers fastes révolutionnaires (M. *Chapelier*), ils ne raisonneraient pas comme ils le font sur ce qu'ils appellent la conquête de la liberté; ils frémiraient de ses suites.

Les lois ont proscrit le drapeau tricolore, et l'individu qui ose l'arborer est coupable d'un acte de sédition. Hé bien! le croirait-on? Nous avons entendu en faire l'éloge le plus emphatique à la tribune par les orateurs de l'extrémité de gauche; nous avons entendu prodiguer le même encens à la mémoire de *Buonaparte*; enfin, certains discours qui en sont partis, prononcés dans tout

---

(1) J'ai passé avec lui les six dernières semaines de sa vie. Son repentir était si sincèrement exprimé, que l'antipathie que j'avais conçue pour lui disparut. Je lui montrai dès ce moment l'attachement le plus vrai. Je l'ai pleuré comme un frère. Il pensait que le retour des Bourbons en France était pour sa patrie la seule ancre de salut. Il ne raisonnait plus sur la légitimité et sur la souveraineté du peuple comme l'orateur que je viens de citer. Il avouait, à cet égard, ses erreurs avec une loyauté telle que je peux affirmer que, s'il vivait et qu'il siégeât à la Chambre des députés, il ne s'assierait pas sur les mêmes bancs que MM. *de Lafayette* et *de Lameth*.

autre endroit public, auraient été déclarés
séditieux et punis comme tels par les tribu-
naux. On ose appeler cette inconvenance
parlementaire, la *liberté de la tribune*!....
Quel renversement d'idées, quel déplorable
abus ne fait-on pas des choses et des mots!

Un orateur qui, par sa loquacité et son as-
tuce, s'est acquis une certaine célébrité dans
le parti libéral, n'a pas craint de dire et de
vouloir prouver que le retour des Bourbons
en France, avait été vu par elle avec *répugnance*.... Comment a-t-on pu pousser jusqu'à ce point l'audace de l'imposture? Je
vous en rends juges, électeurs français, et
plus particulièrement vous, électeurs de la
Seine, qui n'avez pas oublié les journées à
jamais mémorables du 12 *avril*, du 3 *mai*,
et du 8 *juillet*.

Est-ce par de semblables moyens qu'on
espère capter vos suffrages? Non, non! vous
repousserez les hommes présentés par ce
parti, qui se dit français, qui parle au nom
du peuple, et qui, par sa conduite politique,
en est l'ennemi le plus implacable; vous re-
douterez les suites funestes de semblables
choix, non-seulement pour la famille royale

qui nous gouverne, mais encore plus pour votre propre intérêt. Les faits que j'ai cités sont trop notoires pour être mis en doute; ils vous mettront à même d'asseoir votre jugement.

Un discours remarquable a été prononcé, il y a peu de jours, à la Chambre des députés; c'est de celui de M. *Lafitte* que je veux parler : il était à votre adresse, électeurs de la première série; et je pense qu'il vous est parvenu soit directement soit indirectement. Cet orateur a avancé que la prospérité de l'agriculture appartenait à la révolution; que l'industrie avait pris son premier élan sous le gouvernement de *Buonaparte*; mais il a avoué que le crédit était dû à la restauration, aveu précieux qui n'a pas satisfait tous les membres de son côté (1), mais dont je m'empare pour demander à ces éternels louangeurs de la révolution ce que seraient

(1) M. *Foy*, en interprétant cette partie du discours de l'orateur dont nous venons de parler, a dit « que le crédit était dû à la restauration, *si l'on voulait;* » je laisse au lecteur à juger la valeur de cette phrase dans une pareille bouche; mais j'ai cru ne pas devoir la passer sous silence. Je ne sais si le véridique *Moniteur* l'a rapportée textuellement, mais j'affirme l'avoir entendue.

l'agriculture, l'industrie et le commerce sans le crédit. Pour les nations, comme pour les particuliers, le crédit est la condition nécessaire de la prospérité. Ainsi, de cet aveu même arraché par la force de la vérité, on doit conclure que l'état prospère de la France, le repos et la vraie liberté dont elle jouit, sont autant de bienfaits de la restauration ; bienfaits inappréciables, qui seraient perdus pour la France, si la sédition reprenait son empire, et nous replongeait dans le gouffre des révolutions, résultat inévitable de certains principes professés à la tribune, puisqu'ils établissent la souveraineté du peuple, dont il faudrait bien le faire jouir, ainsi qu'on l'a fait en 1793.

Les accusations bannales, réitérées à la tribune, contre la majorité par le côté gauche et ses partisans, tendent à faire croire que cette partie saine de l'assemblée voulant absorber à elle seule, un *budget* de 900 *millions*, rejette toute espèce d'économie, et se refuse à celles qui sont proposées ; ces accusions paraissent graves aux yeux des électeurs, surtout lorsqu'une bouche comme celle

de M. *Lafitte* les prononce avec ce ton d'assurance qui lui est familier ; mais il est très-
facile de les repousser. On ne vous dit point
que près de la moitié de ces 900 *millions* appartient à la masse des dépenses constituées,
et de l'amortissement ; que la solde, l'habil-
lement, la subsistance des troupes de terre
et de mer, l'entretien des ponts et chaussées,
s'élèvent à près de 250 *millions* ; qu'enfin
les administrations financières, dont les dépenses vont à plus de 100 *millions*, sont
productives, et que sans elles, le revenu serait nul. Il reste donc pour payer le clergé,
la liste civile et la partie administrative de
la France, environ 100 *millions*.

On compare souvent ce que coûtaient les
différentes branches du service avant la révolution, et ce qu'elles coûtent aujourd'hui ;
je ferai remarquer à cet égard que les dîmes,
sans les autres revenus du clergé, s'élevaient
alors à environ 200 millions ; on oublie néan-
moins d'en parler, et on se garde bien de
dire que le clergé ne coûte pas aujourd'hui
30 millions ; voilà de ces vérités palpables
que l'on dissimule. Pourquoi agit-on ainsi ?

parce que l'on veut tromper la nation sur sa véritable situation (1),

Les membres de l'extrémité de gauche proposent, à tort et à travers, des diminutions de dépenses, impossibles à faire ou à exécuter sur-le-champ, d'après l'époque surtout où le budget est adopté : on le sait très-bien, mais on les propose toujours, pour s'arroger le droit d'accuser une partie de la Chambre de ne pas vouloir d'économies : il y en a eu de faites qui pouvaient se réaliser ; elles ont été proposées par des membres de la majorité, et adoptées par la Chambre. Si l'on veut être de bonne foi, on reconnaîtra que le gouvernement et la majorité veulent franchement toutes les économies possibles, et que le ministère les proposera successivement sans déranger l'ordre du service administratif. Voilà des économies qui seront profitables, parce qu'elles auront été calculées de manière à ne pas entraver la marche des choses.

(1) Je n'ai donné qu'un aperçu approximatif des diverses dépenses, car je n'ai pas le *budget* de l'état sous les yeux ; aussi je ne garantis pas la parfaite exactitude de mes calculs.

Un autre chef d'accusation dirigé contre la majorité, qui serait bien plus grave aux yeux de certaines personnes, c'est de vouloir le rétablissement des priviléges; et, à cet égard, on voudrait persuader les esprits crédules qu'elle les désirerait en faveur de l'ancienne noblesse. Je commencerai par déclarer que je n'aperçois de priviléges nulle part, excepté ceux qui sont consacrés par la charte. Je vois que tout le monde parvient aux emplois, peut siéger dans la Chambre élective, devient électeur sans désignation de rang ni de noblesse, et que l'estime que l'on acquiert par ses vertus, par son mérite, par sa fidélité actuelle, par son amour pour son roi et pour les libertés publiques, sont les seules voies qui conduisent aux places et aux honneurs...

On me dira qu'il existe des corps privilégiés; on me citera, par exemple, les gardes-du-corps à cheval et à pied; on n'oubliera pas de me parler de la garde royale : je répondrai que dans les rangs de ces divers corps, on remarque des hommes de toutes les classes confondus ensemble, et que c'est dans ces mêmes corps que la parfaite égalité règne ; qu'on y verra des amis qui ne rivalisent entre eux qu'en s'efforçant de prouver tous les jours qu'ils possèdent les qualités précieuses dont je viens de parler : l'entrée dans ces différentes armes est une récompense accordée à ces braves militaires qui se distinguent par leur bonne conduite dans le reste de l'armée.

J'entends les lecteurs opposés à mes opinions me dire : vous ne parlez pas du double vote ; voilà la difficulté fondamentale que vous voulez écarter. Non, Messieurs, je tâcherai de la résoudre : je dirai d'abord que le double vote n'est point un privilége pour telle et telle classe, puisque tous les citoyens peuvent parvenir à faire partie des colléges de département ; j'ajouterai avec une intime conviction, d'après mon expérience particulière, que je le considère comme étant dans l'intérêt de la partie de la propriété qui n'a pas accès dans les colléges d'arrondissement. J'ai toujours vu que la grande propriété soutenait plus spécialement les intérêts de la petite propriété ; enfin, l'impôt étant réparti également, celui qui en paie le plus, en soutenant ses intérêts particuliers, soutient également ceux de ses commettans; c'est un point de fait qu'on ne peut contester. Pressé de faire paraître mon opuscule, que je n'ai commencé que depuis l'ordonnance qui convoque les colléges électoraux, je n'ai pas le tems de traiter cette question dans toute sa latitude ; je me propose d'y revenir dans un autre ouvrage ; mais je dirai que la puissance législative a fait, en cette circonstance , ce que sa sagesse lui dictait , et ce que la charte l'autorisait à faire.

J'ai parlé de la droite de la Chambre des députés, et du centre droit, formant l'ensemble du parti ministériel (1), ainsi que de l'extrémité de la gauche; maintenant je vais parler de la partie du centre gauche , qui s'est réunie à cette extrémité, et qui forme avec elle le parti de l'opposition. J'entreprends une tâche bien délicate pour moi ; car j'aime à croire qu'une partie de ceux qui siégent sur ces bancs sont les amis sincères de la légitimité et de la charte ; mais une

(1) Dans le centre droit je comprends les membres du centre gauche qui se réunissent à lui pour former le majorité de la Chambre des députés.

pensée m'afflige ; il m'est impossible de concevoir l'union qu'ils ont formée ; pourquoi ne la rompent-ils pas, en entendant quelques passages de certains discours de la gauche, qui sont de nature à soulever d'indignation l'homme même presque indifférent sur les destinées de la France ? J'ai entendu, dans un tems, plusieurs orateurs de cette partie du centre se révolter à la seule idée de la moindre atteinte portée au pouvoir royal, et répéter souvent que leur dessein était de le fortifier. Dociles appuis de l'autorité ministérielle, je les ai vus la soutenir avec un empressement qui fera époque dans l'histoire. Ils ont défendu le principe sacré de la légitimité avec cette énergie qui prouvait leur conviction ; ils ont adopté franchement la charte *octroyée* : bien loin de voir le retour des Bourbons avec *répugnance*, et tout en rendant justice à la gloire de nos armées, ils étaient indignés, comme le reste de la France, du joug oppresseur sous lequel leur général en chef tenait la nation courbée. Le despotisme militaire, sa tyrannique arrogance, ont dû souvent irriter leur ame, qui renferme des sentimens généreux, sentimens qui se sont vivement manifestés à la vue des descendans du bon *Henri*. Avec ces princes ils ont vu reluire l'aurore de la vraie liberté, qui est le pouvoir de faire tout ce que la loi ne défend pas. Enfin, ceux dont je parle m'ont paru avoir adopté franchement l'étendard des lis, et repousser avec indignation celui de la révolte. Comment, répéterai-je, avec un sentiment pénible...., comment est-il possible que nous ayons remarqué les mêmes hommes que je viens de citer, ne manifester à certains discours leur mécontentement que par un morne silence? L'occasion était favorable pour vous, M. *Royer-Collard*, qui semblez être le chef de cette faible partie de la Chambre. Il fallait aussitôt vous armer de votre férule doctorale pour ramener vos alliés aux vrais principes, c'est-à-dire à ceux que vous leur fîtes adopter lorsqu'en 1819 vous avez formé une sorte d'alliance avec eux. A cette époque, vous leur dictiez la loi; aujourd'hui ce sont eux qui vous l'imposent: vous vous croyez à leur tête, et vous n'êtes qu'à leur suite. Votre logique serrée, votre talent oratoire, la perspective d'arriver au pouvoir, peuvent marquer vo-

tre place à la tête d'une opposition légale, dont je reconnais la nécessité dans notre forme de gouvernement; mais votre dé-
vouement à la légitimité, votre juste antipathie pour les principes révolutionnaires,
ne peuvent vous mettre à l'arrière-garde
d'une opposition hostile.

Votre amour-propre sera peut-être blessé
de vous voir relégué dans l'arrière-garde de
votre parti : j'avoue que j'éprouve un sentiment pénible en le faisant; mais j'agis d'a-
près ma conviction intime. Les chefs de la
minorité ont calculé qu'ils pouvaient se rendre redoutables à la majorité par la force d'i-
nertie. Dans le cours de la session qui est fi-
nie de fait, et qui sera close sous peu de
jours, ils ont, par ce moyen, ralenti les tra-
vaux de la Chambre; ils arrivaient très-tard
à la séance; vous et les vôtres suiviez cet exemple, et, à une heure donnée, à un signal con-
venu, le corps de l'armée d'opposition faisait
retraite; l'arrière-garde filait et suivait. Le
signal ne partait jamais de vos bancs; mais
vous obéissiez avec une complaisance que je
pourrais qualifier autrement. Cette manœuvre plus qu'inconvenante a retardé l'adop-

tion des articles mis en discussion, et même celle des lois; par cette manœuvre, on n'avait fait que ralentir leur action : ce n'était point assez; il fallait la paralyser, et agir, pour cet effet, avec une audace dont aucune assemblée ne nous avait encore présenté l'exemple. Vos chefs ont voulu prendre l'initiative d'une semblable conduite. Ils n'avaient pas voté, quoique présens, lors de l'appel nominal sur la liberté de la presse : dans ce moment, vous vous étiez montrés indépendans, en ne suivant pas l'impulsion donnée ; vous fûtes gourmandés..... Avez-vous voulu montrer depuis que vous avez su profiter de la leçon ?

A la séance du 18 avril, on alla au scrutin sur la loi relative à l'établissement des lazarets. Ce scrutin eut lieu presque immédiatement après celui sur le budget, où l'on compta environ *trois cent trente* votans. Une *soixantaine* de membres sortirent de la séance après avoir mis leur boule dans l'urne ; mais il est positif qu'il restait à peu près *deux cent soixante* députés dans la Chambre au moment où l'on fit l'appel nominal pour voter au scrutin sur cette loi Il ne s'est pourtant trouvé que deux cent vingt et une boules dans l'urne ; comment cela s'est-il fait ? Un journal vient de me le faire connaître, et je croyais l'avoir remarqué moi-même. Il m'a appris que plus de trente membres, pris dans le côté dont vous suivez les erremens, n'avaient pris aucune part au scrutin (1). Vous, M. *Royer-Collard*, et vos amis n'étiez pas de ce nombre. Il s'agissait d'un objet d'une haute importance, celui de préserver la France du fléau le plus redoutable, *la peste ;* et ce sont les soi-disans défenseurs du peuple, les amis exclusifs de la nation, qui se jouent ainsi de leurs mandats... et des devoirs les plus sacrés imposés aux députés !

D'après cette conduite du côté gauche, dont je garantis l'authenticité, il est à peu près certain qu'il n'aurait point voté, au *scrutin* secret, sur l'établissement d'un sé-

____

(1) Voilà ce qui répond à un passage de la lettre de M. *de Cassaignoles*, insérée dans le *Courrier Français* du 23 avril, passage dans lequel il met en doute qu'il y eut majorité au moment où l'on a voté par *assis* et *levé* sur la loi relative au séminaire du département d'*Eure-et-Loir ;* il appuie son doute sur ce qu'il n'y avait que 221 boules dans l'urne, au scrutin sur la loi des *lazarets.*

minaire à *Chartres* ; mais la partie du centre gauche, que vous paraissez gouverner, y aurait pris part, me direz-vous, si l'on eût donné la parole au vénérable octogénaire qui la réclamait ; cela aurait bien pu arriver, et peut-être aurait-on bien fait de la lui accorder. Cette condescendance de la Chambre aurait ôté tout prétexte à vos amis de se plaindre, et au côté gauche celui de leur imposer, en quelque sorte, la conduite qu'ils devaient tenir. Si les élections de la première série n'eussent pas été si rapprochées, il aurait été bien possible que vous et les vôtres eussiez pris part au scrutin ; mais ce n'était pas le moment de se brouiller avec des hommes qui ont pris l'engagement de donner à quelques-uns des vôtres les voix qui sont à la disposition du parti, et dans les bras desquels ils se sont précipités avec une confiance dont ils pourraient bien être les victimes. Oui, je crois qu'ils leur donneront ces voix partout où le bon esprit des électeurs leur conseillera de ne pas les donner à leurs amis véritables ; les vôtres ne seront qu'un *pis-aller*. Aux dernières élections, lequel des deux préférèrent-ils, de M. *Ternaux* ou de M. *Benjamin Constant?* A qui ont-ils donné aussi, il y a peu de tems, la préférence? est-ce à M. *Tripier* ou à M. *Gévaudan?*

J'ai cru devoir faire connaître à la partie du centre gauche qui prête son appui à la minorité sa situation politique dans la Chambre ; qu'elle se persuade bien qu'elle est la même au dehors. J'ai fait ces observations pour éclairer les électeurs qui sont Français sur le plus ou le moins de dangers qu'il y a pour leur patrie dans les choix qu'ils sont appelés à faire.

Les membres de l'opposition se plaignent et se plaindront toujours qu'on leur ferme la bouche par la clôture, et que par ce moyen on étouffe les discussions. Cependant celle du *budget* a duré cinq semaines ; plus de *quatre cent cinquante* membres ont été entendus, la minorité a obtenu la parole environ deux cent vingt fois. Cette récapitulation, faite avec exactitude, prouve quelle confiance on doit accorder à leurs assertions. Quant aux discussions sur les lois de la presse, qui ont duré presque aussi long-tems que celle du *budget,* je pourrais établir le même calcul, basé sur les mêmes faits.

Je vais, avec confiance, donner mon avis relativement aux lenteurs que l'extrémité de gauche a apportées dans les discussions.

Depuis long-tems elle jetait les hauts cris contre le provisoire ; elle soutenait qu'il fallait en sortir ; elle le répétait avec chaleur, toutes les fois qu'il s'agissait de discussions financières. Eh bien ! tout annonce qu'elle ne le voulait pas véritablement ; elle savait, que pour atteindre ce but désiré par tous les amis de la monarchie, le gouvernement avait résolu de faire deux sessions cette année ; cependant toutes les manœuvres que j'ai dénoncées, semblaient être mises en avant par l'extrémité de gauche dans l'espérance de prolonger la session assez long-tems pour faire avorter ce projet. Si l'on eût pensé autrement, on en aurait facilité l'exécution par la discussion franche du *budget,* dans laquelle on n'aurait pas amené des incidens tout-à-fait étrangers à la partie financière. On aurait agi de même dans les discussions qui ont précédé celle-là ; c'était le seul moyen de prouver d'une manière irrécusable, la franchise de ses intentions ; les députés, surtout ceux dont la série est renouvelée cette année, auraient eu le tems de se rendre dans leurs départemens pour assister aux élections : ils y seront ; mais on a entravé les démarches qu'ils pouvaient faire pour travailler à leur réélection. Se préparait-on un succès par ces expédiens ? on peut affirmer qu'ils sont peu convenables à la dignité que l'on doit toujours supposer dans des députés ; ils prouvent le peu de force du *parti*, que je ne craindrai pas de nommer le parti *anti-français*.

On prétendait que le gouvernement reculerait devant l'idée de convoquer dans ce moment les colléges électoraux : l'ordonnance de convocation a paru ; le parti libéral a dressé aussitôt ses batteries, il crie déjà victoire. Deux opuscules ont été publiés jusqu'à ce moment ; ils sont rédigés par les écrivains de la secte ; l'un cherche à tromper les électeurs sur les vraies intentions du ministère et du parti royaliste à la tête duquel il est placé ; le second de ces écrits est fait par M. *Dunoyer*, ancien rédacteur du censeur européen ; il promet avec assurance, la victoire aux électeurs de son opinion ; il leur recommande surtout de se rendre avec exactitude aux élections, et leur présente ce moyen comme étant l'avant-coureur d'un avantage certain. L'auteur du même ouvrage cherche à leur démontrer que, quoique la loi du 29 juin paraisse offrir aux libéraux des obstacles, ils peuvent les surmonter; son but tend à décourager les électeurs amis de la légitimité et de la charte; je donnerai à ceux-ci les mêmes avis, et leur dirai que, quoique la loi d'élection soit dans l'intérêt de la monarchie légitime et constitutionnelle, il ne faut point avoir trop de sécurité, et compter sur le vote de son voisin; pour obtenir un bon résultat, il faut se rendre soi-même au collége de son arrondissement; la moindre négligence à cet égard serait coupable.

Je dis donc avec confiance aux électeurs: la France est royaliste, elle veut ce qui existe; vous comblerez ses vœux, en envoyant à la Chambre des députés des hommes véritablement dévoués à la légitimité et à la charte octroyée par elle, qui soient attachés à leur religion, bons pères, bons époux, qui puissent défendre et le trône et nos institutions, qui repoussent avec indignation les fauteurs de la révolte et du désordre, et ces hommes qui osent avancer que le retour des *Bourbons* a été vu par les Français avec répugnance. Voilà les conseils que je leur donne. Je leur ai fait connaître les partis en France; je leur ai laissé entrevoir les intentions des uns, et où la coopération des autres pourrait nous mener. Je crois avoir appuyé mes raisonnemens par des faits trop notoires pour être contestés; c'est aux électeurs à juger ce qu'ils doivent faire; je ne promets pas à ceux qui partagent mon opinion un succès général et complet, mais je crois qu'ils auront une majorité qui se réunira à celle existante, pour travailler de concert à consolider le bonheur de notre patrie, et combler ainsi les vœux du monarque auquel elle en est redevable.

Avant de terminer, je dois faire un rapprochement dont j'ai été frappé en entendant le discours de M. *Lafitte;* j'avais lu avant la séance, *la Lettre à un électeur,* écrite par M. *Dunoyer;* je ne sais si le député et l'écrivain se connaissent, mais j'ai retrouvé dans le discours du député, non-seulement les mêmes idées, mais encore la même diction, et presque les mêmes phrases que dans l'opuscule de l'écrivain ; je crois que c'est un pur effet du hasard ; mais il y a tant de rapport dans le génie créateur de ces deux hommes, que l'on dirait qu'ils n'en forment qu'un seul.

FIN.

DE L'IMPRIMERIE DE PILLET AINÉ.